Bibliografische Information der Deutschen Nationalbibliothek:

Die Deutsche Bibliothek verzeichnet diese Publikation in der Deutschen National-
bibliografie; detaillierte bibliografische Daten sind im Internet über http://dnb.d-
nb.de/ abrufbar.

Impressum:

Copyright © 2019 GRIN Verlag
Druck und Bindung: Books on Demand GmbH, Norderstedt Germany
ISBN: 9783668969971

Dieses Buch bei GRIN:

https://www.grin.com/document/470530

Simon Ehehalt

Marketing II. Preismanagement und Kooperation, strategische Analysemethoden, Corporate Identity, Digitalisierung der Fitnessbranche

GRIN Verlag

GRIN - Your knowledge has value

Der GRIN Verlag publiziert seit 1998 wissenschaftliche Arbeiten von Studenten, Hochschullehrern und anderen Akademikern als eBook und gedrucktes Buch. Die Verlagswebsite www.grin.com ist die ideale Plattform zur Veröffentlichung von Hausarbeiten, Abschlussarbeiten, wissenschaftlichen Aufsätzen, Dissertationen und Fachbüchern.

Besuchen Sie uns im Internet:

http://www.grin.com/

http://www.facebook.com/grincom

http://www.twitter.com/grin_com

Deutsche Hochschule für

Prävention und Gesundheitsmanagement

Hermann Neuberger Sportschule 3

66123 Saarbrücken

Einsendeaufgabe

Fachmodul:	Marketing 2
Studiengang:	BFÖ
Datum Präsenzphase:	21.01.-24.01.19
Studienort:	**Saarbrücken**
Semester:	**WS 2016**

Inhaltsverzeichnis

Preismanagement und Kooperation

1.1 Preiselastizität der Nachfrage

Preiselastizität der Nachfrage:

(ε) = Änderung der Menge in % : Änderung des Preises in %

Prozentuale Veränderung des Preises

40,90€ = 100,00%

45,90€ = 112,23%

Prozentuale Veränderung der Nachfragemenge

2700 MG = 100,00%

2400 MG = 88,89%

Aufgrund der Preiserhöhung wird eine Nachfragerückgang von 11,11% erwartet.

Preiselastizität der Nachfrage:

(ε) = 11,11% : 12,23% = 0,91

Die Preiselastizität der Nachfrage liegt unter dem Wert 1. Dementsprechend handelt es sich um eine unelastische Nachfrage. Da die Änderung des Preises nur zu einer relativ geringen Änderung der Nachfrage führt, lohnt es sich für das Unternehmen X&Y Health GmbH den Preis zu erhöhen. Die Erhöhung des Mitgliedsbeitrages verringert den Umsatz minimal, wird jedoch schon durch sechs neue Mitgliedschaften ausgeglichen. Der Rückgang von derzeitigen bestehenden Mitgliedern macht somit Platz für neue potentielle Kunden, welche bereit sind den neuen und höheren Beitrag zu zahlen.

1.2 Preisbildung

1.2.1 Anlässe der Preisbildung

Eine Preisbildung ist durch zwei Tatbestände gekennzeichnet. Durch die erstmalige Preisfestlegung oder durch eine Preisänderung (Meffert, Burmann, & Kirchgeorg, 2015, S. 487-488).

Als Anlass zur Preisbildung nutzt das Unternehmen die Markterschließung. Dabei werden bereits vorhandene Leitungen und Produkte auf neuen Märkten angeboten.

Das Unternehmen besitzt bereits fünf Anlagen in Süd-West-Deutschland und möchte weitere außerhalb des südwestlichen Raums eröffnen.

Nach der Produkt- und Leistungsstrategie nach Ansoff, kann im Unternehmen die Marktentwicklung angewendet werden. Unter Marktentwicklung versteht man, dass ein Unternehmen mit einem bestehenden Produkt neue Märkte erschließen will (Nieschlag, Dichtl, & Hörschgen, 2002, S. 900). Die X&Y Health GmbH möchte mit ihrem service- und dienstleistungsorientierten Konzept neue Märkte außerhalb des südwestlichen Raums in Deutschland erschließen.

1.2.2 Kostenorientierte Preisbildung

Zuschlagsverfahren:

Stückkosten = variable Kosten + (fixe Kosten : Absatzmenge)

8,50 € + (54166,67 € : 2800 Mitglieder)

8,50 € + 19,35€ = 27,85 €

Preis mit Gewinnaufschlag (15 %)

  85 % = 27,85 €

100 % = 32,03 €

32,03 € + 19 % Mehrwertsteuer = 38,11 €

Der Bruttomitgliedsbeitrag beträgt pro Monat 38,11 €

1.2.3 Konkurrenzorientierte Preisbildung

Bei der konkurrenzorientierten Preisbildung wird sich an den Preisen der Konkurrenz orientiert. Unterschieden wird dabei in zwei Formen der konkurrenzorientierten Preisbildung. Eine Form davon ist die Preisbildung durch die Orientierung an Marktpreisen die Andere die Preisbildung in öffentlichen Ausschreibungen (Schlaffke & Plünnecke, 2016, S. 182).

Die unternehmensindividuelle Kosten- oder Nachfragesituation wird hierbei nicht berücksichtigt (Weis, 2012, S. 388).

Bei unserem Unternehmen entsteht die Preisbildung durch die Orientierung an Marktpreisen. Ein ähnlich positioniertes Fitnessstudio, wird innerhalb des Marktgebietes der X&Y Health GmbH eröffnen und ebenso Mitgliedschaften anbieten. Die angebotenen Mitgliedschaften sollen etwa 5-10 € günstiger sein als die unseres Unternehmens.

Da unser Unternehmen sich durch eine individuelle Betreuung und kundenorientierten Serviceleistungen, wird von einer Preissenkung, bzw. Preisanpassung abgeraten. Für viele Kunden- und potentielle Kunden ist der Preis ein Qualitätsmerkmal. Eine Änderung des Preises könnte Kunden und Interessenten verunsichern und misstrauen bezüglich des Angebots erwecken. Um den bereits bestehenden Service und die individuelle Betreuung weiterhin vollumfänglich liefern zu können, ist eine Preissenkung, mit gleichzeitigem Umsatzrückgang, nicht möglich, bzw. nicht tragbar. Aus diesen Gründen ist von einer Preisänderung, bzw. Preissenkung abzuraten. Besser wäre es den Service und die Dienstleistungen weiterhin in hoher Qualität anzubieten.

2 Strategische Analysemethoden

2.1 Five Forces-Modell nach Porter

Nach dem Five-Forces-Modell nach Porter wird die Attraktivität einer Branche analysiert. Zur Analyse werden 5 Komponenten der Branchenstruktur, bzw. die „Five Forces" untersucht (Bea & Haas, 2013, S.99). Es folgt eine Darstellung mit den 5 relevanten Wettbewerbskräften in Bezug auf das Unternehmen Freeletics GmbH.

Tabelle 1 Die Wettbewerbskräfte in Bezug auf Freeletics GmbH

Wettbewerbskraft	Begründung
Verhandlungsmacht der Zulieferer (Steiniger, 2003).	Jede App braucht einen App Store, in der diese zur Verfügung gestellt wird. Für das Bereitstellen der App im App Store, werden von dem Unternehmen Gebühren verlangt. Werden die Gebühren erhöht, kann dies z.B. Auswirkungen auf den Preis haben, da die erhöhten gebühren ausgeglichen werden müssen.
Verhandlungsmacht der Kunden (Steiniger, 2003).	Die Kraft der Käufer ist hoch, da der Markt sich zu einem Käufermarkt entwickelt hat und Qualität der wichtigste Wettbewerbsfaktor ist (Jochem, 2010, S. 3). Im Internet ist es dem Kunden möglich jederzeit und ortsunabhängig mehrere Apps zu vergleichen und abzuwägen, welche preislich und funktionell besser zu ihm passt. Durch die Vielzahl an Ersatzprodukten, hat der Kunde jederzeit die Möglichkeit auf ein anderes Angebot zu wechseln.
Bedrohung durch potenzielle Mitbewerber (Steiniger, 2003).	Heutzutage ist es leicht, mit einem gewissen Wissen, eine App zu entwickeln. Der Markteintritt für andere Unternehmen ist sehr einfach. Wodurch der Wettbewerbsdruck von Freeletics sehr hoch ist. Um Kunden zu binden und weitere Unternehmen vom Markteintritt abzuhalten, muss sich Freeletics klar mit ihrer Produktpalette von anderen Unternehmen differenzieren.
Bedrohung durch Ersatzprodukte (Steiniger, 2003).	Grundsätzlich ist ein Ersatzprodukt immer eine potentielle Bedrohung für ein Unternehmen. Um Heimtrainer oder ähnliche Produkte, welche den Gang ins Fitnessstudio nicht voraussehen, zu schlagen, muss die App ständig optimiert werden, indem z.B. neue Features in die App eingebunden werden, um Heimtrainer usw. überflüssig scheinen zu lassen.
Mitbewerber-Rivalität (Steiniger, 2003).	Durch ständig neue Fitnessapps steigt auch die Rivalität auf dem Markt. Ein Großteil der Apps lassen sich kaum in Inhalt und Funktion differenzieren, wodurch sich diese Apps, mit ihren Mitbewerbern, durch den Preis ihre Kunden „erkämpfen" müssen. Freeletics größter Mitbewerber ist wahrscheinlich Runtastic. Diese App hat ähnliche

Wettbewerbskraft	Begründung
	Produkteigenschaften aber einen günstigeren Preis. Das könnte zu einem Verlust von Kunden sowie Interessenten führen.

2.2 Durchführung einer SWOT-Analyse

Es folgen Darstellungen einer SWOT-Analyse in Bezug auf Freeletics GmbH. Bei einer SWOT-Analyse werden Stärken, Schwächen, Chancen und Risiken eines Unternehmens analysiert (Kotler, Keller, & Opresnik, 2015, S. 62-63).

Tabelle 2: Stärken und Schwächen von Freeletics

Stärken	Schwächen
Mitglieder die sich gegenseitig unterstützen und unterei-nander motivieren (Scherkamp, 2015).	Individuelle Anpassungen der Trainingsplanung ist nicht möglich. Menschen mit Handicaps können manche Übungen nicht machen (Heinzerling, 2014).
Die Freeletics App ist günstiger als ein Fitnessstudio. Die Jahresmitgliedschaft kostet 79,99 € (Maciej, 2015).	Durch das Marketing mit Transformationsvideos werden schnelle Erfolge suggeriert. Wenn die Erfolge jedoch ausbleiben, führt das zu Frustration (Heinzerling, 2014)
Die Übungen können im Freien und in der Wohnung durchgeführt werden (Heinzerling, 2014).	Übungsausführung wird nicht kontrolliert und wird somit ein Problem für Anfänger und erhöht ebenso die Verlet-zungsgefahr (Heinzerling, 2014).

Tabelle 3: Chancen und Risiken von Freeletics

Chancen	Risiken
Durch die fortschreitende Digitalisierung und die damit verbundenen steigenden Nutzerzahlen durch Smartpho-nekäufe, eröffnen sich immer mehr Möglichkeiten und jeden Tag gibt es neue potentielle Kunden (Bitkom, 2017).	Fitnessstudios haben durch die Digitalisierung bereits eigene Apps integriert (DSSV, 2018).
Bisher nutzen nur 22 % der sportlich aktiven eine Fitness-App (Brandt, 2016). Es besteht also noch Potential zur Steigerung, welches auch Freeletics für sich nutzen kann.	Was heute im Trend ist, kann morgen schon wieder „OUT" sein. Deswegen muss Freeletics mit der Zeit ge-hen und auf dem neuesten Stand sein.
Für 2023 wird die Zahl der zahlenden Appnutzern auf 4,5 Millionen, derzeit 3,3 Millionen und ein Umsatz von 90 Millionen geschätzt, welcher sich derzeit bei 65 Millionen befindet (Statista, 2018). Damit kann auch Freeletics Kunden- und Umsatzzahlen erhöhen.	Ein großes Risiko könnte der Datenschutz sein. Durch eventuell bestehende Sicherheitslücken könnten Perso-nendaten an Dritte gelangen. Das würde einerseits dem Image schaden und könnte eventuell eine Strafe nach sich ziehen.

2.3 Erstellung einer SWOT-Matrix

Es folgt eine tabellarische Darstellung einer SWOT-Matrix.

In einer SWOT-Matrix wird ersichtlich, ob durch Schwächen bestimmte Chancen nicht genutzt werden oder ob die Risiken das Unternehmen gefährden. Zudem wird ersichtlich wie Stärken genutzt werden können um Chancen zu nutzen und mögliche Risiken nicht zu einer Bedrohung für das Unternehmen werden (Meffert, Burmann, & Kirchgeorg, 2012b, S. 240).

Tabelle 4 SWOT-Matrix in Bezug auf Freeletics

	Chancen	Risiken
	- Digitalisierung - Aktuelle Nutzerzahl - Künftige Nutzerzahl	- Studios mit eigener App - Konsumverhalten - Sicherheit
Stärken (Strenghts) - Community - Kosten als Mitgliedschaft - Alltagsintegration	S-O-Strategien: - Die Community wird weiter ausgebaut und zum Mittelpunkt gemacht. Neue Wettbewerbe werden um mehr potentielle Kunden als Kunden zu gewinnen. - Die Integration in den Alltag mehr hervorheben, um deutlich zu machen, dass kein Fitnessstudio nötig ist, da erst 22% der Sportler Apps nutzen.	S-T-Strategien: - Die Mitglieder stärker verknüpfen und einbinden, um eine stärkere Community & mehr Treue & Loyalität zu gewinnen. - Die Integration für den Alltag weiter ausbauen, so dass die Nutzer fast überall ihr Training durchführen können wie z.B. am Arbeitsplatz.
Schwächen (Weakness) - Individualität - Marketing - Kontrolle bei Übungsausführung	W-O-Strategien: - Verbesserung der Individualität durch Einführung eines Anamnesebogens. - Marketingkonzept überarbeiten um mehr Vertrauen zu gewinnen und glaubwürdiger zu erscheinen.	W-T-Strategien: - Kooperationen mit Fitnessstudios oder Vereinen eingehen, um Trainer zum Kontrollieren zu gewinnen. - Am Zahn der Zeit bleiben, Trends erkennen und umsetzen sowie immer wieder neue Features einbauen oder verbessern.

2.4 BCG-Portfolio und Produktlebenszyklus

Fitness-Apps befinden sich im BCG-Portfolio im Bereich der „Cash Cows". Begründen lässt sich diese Aussage dadurch, dass die Kategorie Gesundheit & Fitness, unter welcher auch die App Freeletics zu finden ist, einen Marktanteil von 3 % im App-Store einnimmt (Statista, 2019).

Das Marktwachstum ist als niedrig einzuschätzen. Zwischen Februar 2018 und Februar 2019 ist die Anzahl an Apps von 3,5 Millionen auf 2,5 Millionen gesunken (Statista, 2019).

Bei Betrachtung des Produktlebenszyklus im Bezug auf Freeletics wird ersichtlich, dass die App bereits die Entwicklungs- und Einführungsphase durchlaufen hat. Derzeit befindet sie sich in der Wachstumsphase. Durch die steigende Nachfrage an Fitness-Apps (siehe Tabelle 3, Chancen), wird ebenso die Absatz- und Umsatzmenge steigen.

Zudem ist zu erkennen, dass Freeletics neue Produktvariationen wie Freeletics Bodyweight oder Freeletics Gym auf den Markt bringt, was ein typisches Merkmal für diese Phase ist (Weis, 2012, S. 277-278).

In der Entwicklungsphase ist ein relevanter Unterschied zum typischen Lebenszyklus zu erkennen. Es ist zu erkennen, dass keine hohen Kosten für Forschung und Entwicklung entstehen. Ebenso findet der Amortisierungsprozess kaum statt. Dies lässt sich an den geringen Entwicklungskosten erkenn, die im Vergleich zum „typischen Produkt" eher gering ausfallen. Dadurch wird der Break-Even-Point recht schnell und früh erreicht.

2.5 Fazit

Das klassische Fitnessstudio steht immer im Konkurrenzkampf mit Mitbewerbern und Ersatzprodukten, wie z.B. Fitness-Apps. In der X&Y Health GmbH liegt ein besonderes Augenmerk auf dem Service und der Dienstleistung. Beim Analysieren wurde ersichtlich, dass die Individualität der Trainingspläne sowie das Kontrollieren bei der Übungsausführung eine Schwäche darstellt. Durch kompetentes Fachpersonal, können beide „Störfaktoren" behoben werden. Durch den ständigen Kontakt von Fachpersonal und Mitgliedern, wird auch die Kundenbindung gestärkt. Um jedoch mit dem Trend der Digitalisierung und der Fitness-Apps zu gehen und künftige Konsequenzen, wie z.B. Mitgliederrückgang, zu vermeiden sowie das Potential der Digitalisierung auf das Studio umzusetzen, sollten ebenso Fitness-Apps in Studios integriert werden. Entweder es wird eine eigene App entwickelt oder es wird eine App angeboten, die sich gut in das eigene Studio integrieren lässt. Z.B. ist es möglich sein komplettes Studio mit einer App und Schnittstellen zu vernetzen. Um Einstellungen auf Geräte, Bio-Impedanz-Analyse Messungen und Trainingspläne auf einer App zu einem Mitglied zu hinterlegen. Solche Maßnahmen sind die logische Konsequenz, um im digitalen Zeitalter bestehen zu können, den Mitglieder mehr Möglichkeiten zu bieten und eine zeitgemäße Betreuung zu gewährleisten.

3 Corporate Identity

3.1 Interview-Analyse

3.1.1 6 Anzeichen der Überarbeitung der Corporate Identity bei Kieser Training

Es folgt eine tabellarische Darstellung der Überarbeitung der Corporate Identity (CI) bei Kieser Training.

Die Corporate Identity zeigt die strategisch sowie operative Verhaltensweise und Selbst-inszenierung innerhalb eines Unternehmens als auch nach außen (Meffert, Burmann, 1996, S. 23 ff).

Tabelle 5 Überarbeitung der CI bei Kieser Training

Überarbeitung der Werbemaßnahmen	Kieser hat lediglich über Mundpropaganda geworben. Heute wirbt Kieser mit Print-Kampagnen.
Überarbeitung der Zielgruppe	Früher trainierten bei Kieser größtenteils Athleten. Heute hauptsächlich Menschen im Alter von 30-50 Jahren.
Überarbeitung des Slogans	Früher lautete der Slogan „Ein starker Rücken kennt keinen Schmerz". Heute lautet der Slogan „Ja zu einem starken Körper".
Überarbeitung der Corporate Identity Farben	Früher bestand das Farbkonzept aus den Farben Grau und Gelb. Heute hat Kieser ein blaues Farbkonzept.
Überarbeitung des Franchise-Systems	Durch die Einführung eines Print-on-Demand-Systems wird sichergestellt, dass alle Unternehmen von Kieser an das Farbkonzept, bzw. die Corporate Identity angepasst sind.
Überarbeitung des Konzepts	Wegen steigender Mitbewerberanzahl wurde eine Sauna sowie Bar eingebaut. Jedoch nur kurzfristig, um die Trainingserfolge zu gewährleisten.

3.1.2 Gründe der Neuausrichtung der Corporate Identity allgemein und bei Kieser Training

Es folgt eine tabellarische Darstellung der Gründe zur Neuausrichtung bei Kieser Training

Tabelle 6 Gründe zur Neuasrichtung bei Kieser Training

Zielgruppe neu ausrichten	Die Zielgruppe kann sich durch verschiedene Faktoren verändern. Auf die Veränderung der Zielgruppe sollte das Unternehmen auch sein Konzept entsprechend anpassen und umstrukturieren. Zur Zielgruppe von Kieser gehörten zu Beginn noch größtenteils Athleten. Mit der Zeit wuchs jedoch stetig die Anzahl an älteren Mitgliedern. Dies hatte eine Umstrukturierung und Anpassung des Konzepts, der Zielgruppe entsprechend zur Folge. Kieser machte den Wandel zum medizinisch fundierten Training mit dem Schwerpunkt Rückengesundheit.
Negatives Image und schlechter Ruf	Hat ein Unternehmen erstmal einen schlechten Ruf, fällt es schwer diesen wieder loszuwerden. Oft wird eine Neukundenentscheidung stark durch das Image des jeweiligen Unternehmens beeinflusst. Und meist wird sich für das Unternehmen mit dem besseren Image entschieden. Kieser wird oft mit alten und kranken Menschen assoziiert. Kieser steht jedoch genau für das Gegenteil: Starker Rücken und gesunder Körper. Um den Kundennutzen richtig aufzuzeigen, zieht Kieser einen Imagewechsel vor, um den Ruf von Alt und Krank los zu werden.
Erhalten eines guten Rufs durch Anpassung im Unternehmen	Durch positive Veränderung im Unternehmen, wie z.B. neue Geräte und mehrwertbringende Extras, kann die Kundenzufriedenheit steigen. Dadurch wird wiederum auch der Unternehmenserfolg beeinflusst. Ebenso könnten die Kunden auch negativ auf Veränderungen reagieren, wodurch die Kundenzufriedenheit und dem zur Folge auch der Unternehmenserfolg sinken könnte. Aufgrund neuer Konkurrenz, lies Kieser eine Sauna sowie eine Bar einbauen. Jedoch wurde darauf festgestellt, dass die Mitglieder sich nicht mehr auf das Wesentliche, das Training, konzentrierten.
Verbindung zu anderen Unternehmen durch das Logo	Das Logo repräsentiert die Marke, bzw. das Unternehmen. Deswegen ist die Wahl des Logos sehr wichtig. Durch die richtige Wahl des Logos erkennen Kunden und Neukunden das Unternehmen wieder und können es klar von anderen Unternehmen differenzieren. Zu Beginn hatte dieser noch die Farbe Gelb im Logo. Dadurch assoziierten Kunden und Neukunden oft eine Verbindung zu anderen Unternehmen im Discounterbereich. Um dies zu unterbinden und die Qualität anzuheben, wurde die Farbwahl des Logos überarbeitet.

3.1.3 Veränderung der Corporate Identity bei vier weiteren Unternehmen

Es folgt eine tabellarische Darstellung vier weiterer Unternehmen mit Veränderung der CI.

Tabelle 7 Veränderung der CI bei weiteren Unternehmen

Vodafone	Bei Vodafone wurde das alte Logo durch einen roten Rhombus ersetzt. Das neue Logo steht für Dynamik und Kraft. Innerhalb des Rhombus werden künftig die Werbebotschaften untergebracht sowie das Logo. Der Grund für die Veränderung der CI war ein veränderter Zeitgeist. Zur Zeit der alten Vodafone Box, gab es noch keine mobile Werbung oder Video-Ads. Der Rhombus ist leichter zu platzieren und kann somit auf Werbekanälen gut eingesetzt werden und macht die Gestaltung der Werbekampagnen flexibler (Saal, 2013).
Jägermeister	Früher wurde Jägermeister nur von älteren Herren getrunken, bzw. Personen über 55 Jahren (Lippold, 2015). Jägermeister veränderte seinen Slogan in „Achtung Wild!". Dadurch wurde eine deutlich jüngere Zielgruppe angesprochen. Zudem hat Jägermeister die Distributionswege verändert und hat direkt an Kneipen, Bars und Events vertrieben. Ebenso wurden Promotion Teams namens „Jägerettes" eingeführt, welche im Gastronomiebereich Schnapsverkostungen anboten (Höltmann, 2016).
Mc Donald's (MCS)	Mit dem starken Umsatzrückgang und dem negativen Image hat MCS die CI verändert (Tagesspiegel, 2014). Um das „ungesunde Fastfood" Image zu verbessern, setzt MCS jetzt auf gesündere Alternativen. Beim Happy-Meal gab es nun die Möglichkeit statt eines Softdrinks oder Pommes, Milch, Obst oder Saft zu wählen. Zudem wurden regionale Produkte, wie das Simmentaler Rind eingesetzt und vegetarische Alternativen angeboten. Ebenso wurde das Design überarbeitet. Von Rot auf Grün, was für Nachhaltigkeit, Natur und Gesundheit steht (Frehse, 2015).
Nivea	Das Design von Nivea änderte sich schon nach 14 Jahren nach Markteinführung. Ersetzt wurde das alte Design durch eine blaue Dose mit weißem Schriftzug. Der Grund dafür ist das Lebensgefühl der goldenen Zwanziger. Genannt mit den Schlagworten Jugend, Sportlichkeit und Freizeit (Beiersdorf, 2013).

3.2 Marktstrategien

3.2.1 Marktbearbeitungsstrategie und Wettbewerbsstrategie

Kieser Training greift bei der Marktbearbeitungsstrategie auf die Segmentkonzentration zurück. Dabei wird ein Segment des Zielmarktes ausgewählt und bearbeitet (Kotler & Bliemel, 2006, S. 453 ff.). Kieser Training bietet ausschließlich intensives Krafttraining als Leistung für ihre Mitglieder an.

Kieser Training greift bei der Wettbewerbsstrategie auf die Nischenstrategie mit Differenzierung zurück. Dabei wird sich auf eine bestimmte Anzahl von Leistungen und/oder Abnehmern konzentriert (Kotler & Bliemel, 2006, S. 139 ff.). Bei Kieser Training wird eine bestimmte Leistung angeboten, Krafttraining an Geräten. Dadurch werden nur die Personen angesprochen, welche diese Leistung haben möchten.

Differenzieren kann man sich über Qualität, Service, Produktstyling oder auch Technologie (Kotler & Bliemel, 2006, S. 139). Dadurch können die Preise höher angesetzt werden (Weis, 2012, S. 153). Kieser Training kann sich durch das medizinische Trainingskonzept von Mitbewerbern klar abheben. Zudem werden ständig neue Maschinen von Kieser Training entwickelt, welche Muskelgruppen beanspruchen, die in herkömmlichen Studios vernachlässigt werden, wie z.B. Beckenboden oder Sprunggelenk, was wiederum eine gewisse Nische anspricht und ein Vorteil in Technologie verschafft.

3.2.2 Produkt-Markt-Matrix

Zu aller erst wird die Strategie der Produktentwicklung genannt. Hierbei werden neu entwickelte Produkte für bereits bestehende Märkte geschaffen. Ein Kriterium dafür ist, dass das Produkt einzigartig, unterschiedlich, anders und käuferspezifisch ist (Weis, 2012, S. 161).

Kieser Training entwickelt Produkte für Körperpartien, die von anderen Herstellern vergessen oder nicht berücksichtigt werden, wie z.B. Maschinen für Beckenboden und Sprunggelenk.

Ebenso wird die Strategie der Marktdurchdringung verwendet. Dabei wird versucht mit bereits vorhandenen Produkten auf gegenwärtigen Märkten den Marktanteil zu erhöhen und das Marktvolumen auszuweiten (Nieschlag, Dichtl, & Hörschgen, 2002, S. 900).

Möglich wird das durch die Gewinnung von Neukunden bzw. derzeitigen Nichtkunden oder durch die Verstärkung der Werbung (Weis, 2012, S. 160).

Dies entstand bei Kieser Training durch die Änderung der CI. Durch die Veränderung des Images (siehe 3.1.1.) wurden Nichtkunden angesprochen und zu Interessenten. Zudem wurden die Werbemaßnahmen verstärkt, d.h. es wird sich nicht mehr nur noch auf die Mund zu Mundpropaganda verlassen, bzw. es wurden Printkampagnen, Social Media und eine Website als Werbemaßnahme eingeführt.

4 Digitalisierung in der Fitness- und Gesundheitsbranche

Es besteht die Möglichkeit, das Image des „veralteten Studios" mit digitalen Trends aufzufrischen. Wie z.B. mit einem eGym-Zirkel kombiniert mit e-Flexx und Inbody sowie Lifefitness Schnittstellen, damit die Trainingsplanung auch außerhalb von e-flexx und eGym auf der dazugehörigen Smartphone App mit den Messungen der Inbody Waage und der Trainingssteuerung auf dem jeweiligen Nutzerkonto hinterlegt werden. Der Datensatz mit den einzelnen Einstellungen zu den Geräten kann z.B. auf ein Bändchen mit dem Studiologo bespielt werden. Dadurch werden Fehlerquellen minimal gehalten und die Trainingsdokumentation sowie die Ergebnisse sind auch für die Mitglieder transparent und jederzeit abrufbar.

Vorteil: Das spart Zeit für Trainer und Mitglieder und die Fehlerquellen werden minimal gehalten.

Risiko: Jedoch darf der Trainer die Mitglieder nach dem Einstellen auf die Geräte nicht „einfach machen lassen". Es ist ein großes Risiko zwischenmenschliche Beziehungen durch die Automatisierung zu vernachlässigen. Immerhin führen Beziehungen zu mehr Bindung und mehr Treue.

Deswegen sollten regelmäßige Check-Ups und Termine über die dazugehörige Trainer App von eGym terminiert werden, um eine lückenlose Betreuung zu garantieren, Kunden zu motivieren und die zwischenmenschlichen Bindungen von Trainer und Mitglied zu erhalten.

Ebenso könnte das Studio noch mit einer komplett eigenen App auftreten. Mit Features wie Öffnungszeiten, Kurszeiten, News Feed, Events- oder ähnliche Aktionen, Umfragetools, Terminvereinbarungstool oder weiteren nützlichen Features, welche Mitglieder begeistern, binden und motivieren. Es gibt noch eine kleine Menge an Nicht-Smartphonenutzern. Diese werden dann über ein automatisiertes Emailtool über Infos benachrichtigt und haben die Möglichkeit auch über ihren Desktop-PC die App mit sämtlichen Features auf der Homepage zu nutzen und die Infos über Email noch einmal nachzuschlagen.

Vorteil: Termine, Kurse und Betreuung wird stärker wahrgenommen. Das Studio ist ein Teil der Freizeit auch außerhalb des Studios. Mitglieder sind immer auf dem neuesten Stand und nehmen Aktionen wahrscheinlich eher wahr.

Risiko: Menschen mit weniger technischer und digitaler Affinität könnten sich an dem digitalen und transparenten Trainingsprofil stören. Oder durch ungenügende Kenntnis über Internet- oder Smartphonenutzung benachteiligt oder ausgegrenzt fühlen.

Um dem entgegenzuwirken, könnten für die „Ausnahmen" im digitalen Zeitalter auch noch Druckversionen verfügbar sein, damit das ganze „Händisch" geführt werden kann. Oder man entscheidet sich klar für die digitale Generation und möchte nur diese ansprechen.

Zudem könnte das Studio einen W-LAN Gäste Hotspot zur Verfügung stellen, um Smartphonenutzern ein gutes Netz zu garantieren.

Vorteil: Damit können diese auch während des Trainings alltagstypische Apps wie WhatsApp, Spotify, Youtube oder vielleicht sogar die Studio App bedienen und nutzen. Dadurch wird ganz klar das digitale Publikum angesprochen.

Risiko: Die Achtsamkeit während des Trainings und in den Pausen könnte abnehmen. Die Nutzer schaffen es vielleicht nicht im Training abzuschalten. Es könnte auch passieren, dass die Nutzer die Zeit vergessen und Geräte zu lange belegen, was zu längeren Wartezeiten und Frustration bei anderen Mitgliedern führen könnte.

Dies könnte vermieden werden, indem die Trainer die Fläche und eventuell blockierende W-LAN Nutzer sensibel darauf hinweisen, dass sie sich nicht zu sehr von ihrem Smartphone ablenken lassen sollten oder darauf achten sollen Geräte nicht zu lange zu belegen.

Um das Marketing des Unternehmens auch im digitalen, bzw. online Bereich anzukurbeln, bieten sich Kanäle, wie z.B. Youtube, Instagram oder Facebook an, um mit Gewinnspielen, Umfragen, News oder Erklärvideos, bzw. Tutorials Reichweite und Interaktion zu generieren.

Vorteile: Bekanntheitsgrad und Markenname vergrößert sich, Image kann sich verbessern, es können potentielle Neukunden und Kunden gewonnen werden.

Risiko: Es könnten willkürliche schlechte Bewertungen abgegeben werden, welche öffentlich sichtbar sind.

Um willkürliche Bewertungen zu verhindern könnten Mitgliedern und Interessenten ein „Goody" für eine ehrliche Bewertung angeboten werden, wie z.B. eine gratis Fettmessung über BIA oder Caliper, ein Eiweißshake oder Riegel oder eine BPA freie Flasche im Corporate Design der Firma.

5   Literaturverzeichnis

Bea, F. X., & Haas, J. (2003). *Strategisches Management* (Grundwissen der Ökonomik: Betriebswirtschaftslehre, 6., vollständig überarbeitete Aufl.). Stuttgart: Lucius & Lucius.

Beiersdorf. (2013). *Immer am Puls der Zeit.* Zugriff am 07.02.2018 von https://www.beiersdorf.de/marken/markengeschichte/nivea

Bitkom. (2017). *Smartphone Markt: Konjunktur und Trends.* Zugriff am 07.02.2018 von https://www.bitkom.org/Presse/Anhaenge-an-PIs/2017/02-Februar/Bitkom Pressekonferenz-Smartphone-Markt-Konjunktur-und-Trends-22-02-2017-Praesentation.pdf

Brandt, M. (2016). *Smarte Fitness.* Zugriff am 07.02.2018 von https://de.statista.com/infografik/6222/smarte-fitness-tracker-und-apps/

DSSV, A. d.-u. (2018). *Fitnesstrends 2018.* Zugriff am 07.02.2018 von https://www.dssv.de/presse/statistik/fitness-trends-2018/

Frehse, L. (2015). *Wie McDonald's sich ändern will.* Zugriff am 07.02.2018 von https://www.tagesspiegel.de/wirtschaft/nach-60-jahren-image-probleme-wie-mcdonalds-sich-aendern-will/11636828.html

Heinzerling, M. (2014). *Freeletics - Vorteile und Kritik.* Zugriff am 04.02.2018 von https://mheinzerling.de/blog/freeletics-vorteile-und-kritik/

Höltmann, I. (2016). *Wie sich Unternehmen neu erfinden.* Zugriff am 04.02.2018 von https://www.tagesspiegel.de/wirtschaft/imagewechsel-wie-sich-unternehmen-neu-erfinden/12785036.html

Jochem, R. (2010). *Was kostet Qualität? Wirtschaftlichkeit von Qualität ermitteln.* München: Hanser.

Kotler, P., & Bliemel, F. (2006). *Marketing-Management. Analyse, Planung und Verwirklichung* (10., überabeitete und aktualisierte Aufl.). München: Pearson.

Kotler, P., Amstrong, G., Saunders, J., & Wong, V. (2007). *Grundlagen des Marketing* (4., aktualisierte Aufl.). München: Pearson.

Kotler, P., Keller, K. L., & Opresnik, M. O. (2015). *Marketing-Management. Konzepte - Instrumente - Unternehmensfallstudien* (Pearson Studium - Economic BWL, 14., aktualisierte Auflage). Hallbergmoos: Pearson.

Lippold, D. (2015). *Die Marketing Gleichung - Einführung in das prozess- und wertorientierte Marketingmanagement* (unvollständig überarbeitete und erweiterte Auflage). Berlin/Boston: Walter de Gruyter GmbH.

Maciej, M. (2015). *Freeletics: Kosten und Preise für App und Coach.* Zugriff am 07.02.
2018 von https://www.giga.de/apps/freeletics/tipps/freeletics-kosten-und-preise-
fuer-app-und-coach/

Meffert, H., & Burmann, C. (1996). *Identitätsorientierte Markenführung - Grundlagen
für das Management von Markenportfolios* (Arbeitspapiere Nr.100). Münster:
Wissenschaftliche Gesellschaft für Marketing und Unternehmensführung e.V.

Meffert, H., Burmann, C., & Kirchgeorg, M. (2012b). *Marketing. Grundlagen
marktorientierter Unternehmensführung* (Springerlink: Bücher, 12., überarb. u.
aktualisierte Aufl. 2014). Wiesbaden: Gabler Verlag.

Meffert, H., Burmann, C., & Kirchgeorg, M. (2015). *Marketing. Grundlagen
marktorientierter Unternehmensführung - Instrumente - Praxisbeispiele*
(Springerlink: Bücher, 12., überarb. u aktualisierte Aufl. 2014). Wiesbaden:
Springer Gabler.

Nieschlag, R., Dichtl, E., & Hörschgen, H. (2002). *Marketing* (19.,
überarbeitete und ergänzte Aufl.). Berlin: Duncker und Humbolt.

Saal, M. (2013). *Gregor Gründgens im Interview.* Zugriff am 07.02.2018 von
https://www.horizont.net/marketing/nachrichten/Warum-Vodafone-seine-
CorporateIdentity-ueberarbeitet-Gregor-Gruendgens-im-Interview-116491

Scherkamp, H. (2015). *Was ist dran, am Hype um das Münchner Start-up Freeletics?*
Zugriff am 07.02.2018 von https://www.gruenderszene.de/allgemein/
freeleticsinterview

Statista. (2018). *Fitness.* Zugriff am 07.02.2018 von https://de.statista.com/
outlook/313/137/fitness/deutschland

Statista. (2019). *Anzahl der verfügbaren Apps im Google Play Store in ausgewählten
Monaten von Juli 2015 bis Juli 2018.* Zugriff am 07.02.2018 von https://de.
statista.com/statistik/daten/studie/74368/umfrage/anzahl-der-verfuegbaren-
apps-im-google-play-store/

Statista. (2019). *Ranking der Top 20 Kategorien im App-Store im Januar 2019.* Zugriff
am 07.02.2018 von https://de.statista.com/statistik/daten/studie/166976/umfrage/
beliebteste-kategorien-im-app-store/

Tagesspiegel. (2014). *McDonald's schrumpft weltweit.* Zugriff am 07.02.2018 von
https://www.tagesspiegel.de/wirtschaft/gewinnwarnung-bringt-aktie-zum-
absturz-mcdonalds-schrumpft-weltweit/11090586.html

Weis, H. C. (2012). *Marketing* (Kompendium der praktischen Betriebswirtschaft, 16.,
verbesserte Auflage). Herne Westf: NWB Verlag.

6 Tabellenverzeichnis

6.1 Tabellenverzeichnis